Joan C. Robinson est née à Philadelphie en 1947. Après des études universitaires (1965-1969) à Oberlin College, Ohio, au terme desquelles elle obtient son diplôme Bachelor of Arts, cum laude, elle se rend au Japon où elle enseigne à l'Université de Toyama pendant une année. Elle séjourne plusieurs semaines dans un temple zen sur la mer du Japon.

Mariée au peintre Gérard Titus-Carmel, elle vit depuis la fin de 1970 en France où elle termine ses études à l'Ecole Nationale des Langues Orientales et à l'Université de Paris VII. Elle obtient en 1973 une licence et une maîtrise en chinois.

Depuis elle fait divers travaux de traduction. A la suite d'autres voyages au Japon, elle entreprend la traduction des haiku du moine zen Ryōkan, publiés en 1986 aux Editions Verdier.

ORPHÉE, COLLECTION DIRIGÉE PAR CLAUDE MICHEL CLUNY

1. David, *Psaumes pénitentiels.*
2. Victor Segalen, *Stèles.*
3. Sandro Penna, *Une ardente solitude.*
4. Friedrich Hölderlin, *Douze poèmes.*
5. Odilon-Jean Périer, *Le Promeneur.*
6. Raymond Lulle, *Livre de l'Ami et de l'Aimé.*
7. D.H. Lawrence, *Sous l'Étoile du Chien.*
8. Martial, *Epigrammes.*
9. Arthur Rimbaud, *Poésies.*
10. Federico García Lorca, *La Désillusion du monde.*
11. Nārāyaṇa Bhaṭṭa de Melputtūr et Kṛṣṇalīlāśuka, *Bhagavatī.*
12. Philippe Desportes, *Contre une nuit trop claire.*
13. *Les Oracles de Delphes.*
14. Comte de Villamediana, *Poésies.*
15. Joseph von Eichendorff, *Dernier retour.*
16. Tristan Corbière, *Les Amours jaunes.*
17. Richard Wagner, *Lyriques.*
18. Zbyněk Hejda, *Lady Feltham.*
19. Charles Baudelaire, *Les Fleurs du mal.*
20. Gabriela Mistral, *D'amour et de désolation.*
21. Sayd Bahodine Majrouh, *Chants de l'errance.*
22. Victor Hugo, *La Légende des siècles.*
23. Catulle, *Liber.*
24. Ugo Foscolo, *L'Ultime déesse.*
25. Pierre Reverdy, *Anthologie.*
26. Hart Crane, *Key West et autres poèmes.*
27. Ovide, *les Tristes.*
28. *Ossianiques.*
29. Henry Bataille, *La Chambre blanche et autres poèmes.*
30. Ernesto Cardenal, *Hommage aux Indiens d'Amérique.*
31. Du Fu, *Il y a un homme errant.*
32. Jean de Sponde, *D'amour et de mort.*
33. Christopher Marlowe, *Héro et Léandre.*
34. Alfonso Gatto, *Pauvreté comme le soir.*
35. William Blake, *Chansons et mythes.*
36. Emile Nelligan, *Des jours anciens.*
37. Jean Richepin, *La Chanson des gueux.*
38. Elvio Romero, *Le soleil sous les racines.*
39. Jean-Joseph Rabearivelo, *Traduit de la nuit et autres poèmes.*
40. Novalis, *Hymnes à la nuit* et *Cantiques spirituels.*
41. Grégoire de Narek, *Prières.*
42. Thomas Hardy, *Poèmes du Wessex et autres vers.*
43. Qu Yuan, *Li Sao, Jiu Ge* et *Tian Wen.*
44. José-Maria de Heredia, *Les Trophées.*
45. Anghélos Sikélianos, *Une voix orphique.*
46. Fernando Pessoa (Álvaro de Campos), *Ode maritime et autres poèmes.*
48. Jean-Philippe Salabreuil, *La Liberté des feuilles.*
49. Vladimír Holan, *Pénultième.*

50. Kenneth Slessor, *Visiteurs de la terre*.
52. Hugo von Hofmannsthal, *Avant le jour*.
53. Joan Vinyoli, *Promenade d'anniversaire*.

POÉSIE DE LANGUE JAPONAISE

À PARAÎTRE

Izumi Shikibu, *Poèmes de cour*, choix, traduction et présentation par Fumi Yosano.

YOSA BUSON

HAIKU

CHOISIS, PRÉSENTÉS
ET TRADUITS DU JAPONAIS
PAR JOAN TITUS-CARMEL

ORPHÉE / LA DIFFÉRENCE

PRÉFACE

par Joan Titus-Carmel

Aucune forme littéraire autre que le haiku ne peut mieux saisir et exprimer, dans sa spécificité, la sensibilité japonaise. Le haiku, poème d'une extrême concision, dépouillé mais toujours concret, réussit, avec ses seules dix-sept syllabes (5-7-5), à nous faire entrevoir ce qu'est l'expérience du poète : sa perception d'une voix ou d'un bruit, la présence fragile d'un objet, la course ou le frémissement d'un animal, un voyageur sous la pluie, suffisent pour créer un état d'âme proche de l'*éveil*.

Dans les deux premiers vers, la juxtaposition, parfois le *collage*, de quelques faits tout juste esquissés, ou l'indication banale d'un lieu, d'un moment, précède généralement un élément qui surprend, au dernier vers, une chute inattendue qui étonne ou qui révèle. Dix-sept courtes syllabes qui transmettent ce moment excellent du vide, ce lieu privilégié d'éveil où se tient le poète devant les choses simples de la vie.

Incontestablement, les haiku de Buson comptent parmi les plus beaux jamais écrits. Également très grand peintre, Buson parvient là à croquer, avec la même grâce que du bout de son pinceau, ces « presque riens » qui sont au seuil de l'expérience immédiate, insaisissable. Se tenant toujours au plus près de la réalité, de la nature, il réussit à transcender le commun ou le banal, voire le trivial, pour atteindre un sentiment de totalité essentielle — proche de la beauté même. Artiste exceptionnel de ce XVIIIe siècle japonais où culmine l'art de nombreux peintres et poètes, et d'ailleurs tout autant apprécié pour sa peinture que pour sa poésie, Buson est, avec Bashō et Issa, considéré comme un des trois grands maîtres du haiku que le Japon ait connus [1].

Buson est né dans une famille de paysans à Kema, dans le district de Higashinari, province de Settsu (aujourd'hui préfecture d'Ōsaka), en 1716 — pendant une période de paix de l'ère des Tokugawa. Il passe les vingt premières années de sa vie auprès de sa famille, peignant dès son plus jeune âge. On le retrouve ensuite à Edo (Tōkyō) où il est venu étudier la peinture et la poésie. Il étudie le haiku avec Uchida Senzan avant de devenir le disciple de Hajin Hayano, également connu sous le nom de Soa (1677-1742), un disciple de Kikaku et de Ransetsu, deux grands poètes, eux-mêmes disciples de Bashō. À la mort de Hajin, Buson s'installe au nord d'Edo, dans le village de Yuki, et de là parcourt la région d'Oku — comme Bashō avant lui — durant une dizaine d'années pendant lesquelles il continue de peindre et d'écrire. C'est en 1744 qu'il utilise le nom de Buson pour la première fois.

1. N'oublions pas cependant quelques autres poètes dont l'œuvre est loin d'être négligeable, peu s'en faut ; je pense en particulier à Kikaku, à Shiki ou au très sensible Ryōkan. (Cf. *Les 99 Haiku de Ryōkan*, traduits et présentés par Joan Titus-Carmel, Verdier, 1986.)

En 1751, Buson se fixe à Kyōto où il parfait ses études de peinture. Au printemps 1754, il s'installe cette fois à Yosa, au nord de Kyōto, pour une durée de trois ans. En 1757, dès son retour à Kyōto — où il restera une dizaine d'années encore — il prend le nom Yosa et ouvre un atelier de peinture de paravents où il travaille avec ses élèves. Il poursuit son activité de peintre. À quarante-cinq ans, il jouit d'une solide considération et se marie avec Tomo avec qui il aura une fille. Il fonde l'école de peinture *Nanga* ou *Literati* avec Ike no Taiga. Il se consacre tout autant au haiku et crée une association poétique, *Shankasha*, avec Tan Taigi, Kuroyanagi Shōha et d'autres disciples de Hajin Hayano. Entre 1766 et 1768, il voyage encore et on le trouve à Shikoku. À son retour, il se consacre aux haiku ainsi qu'aux rencontres poétiques de l'association *Shankasha* ; il écrira ses plus beaux haiku et prendra, en 1770, le nom de Yahantei en hommage à Hajin [2], se chargeant du groupe des jeunes poètes de Kyōto et devenant lui-même le maître de l'Ecole.

Pendant ce temps, il peint beaucoup et réalise bon nombre de ses œuvres les plus importantes. En 1771, il illustre avec Taiga les albums *Jūbenzu Jūgizu* [3]. C'est la période culminante de sa création artistique et poéti-

---

2. Buson aura au cours de sa vie une multitude de noms, surtout artistiques, et même deux noms de famille : Taniguchi et puis Yosa, à la suite de son séjour dans le village du même nom. Les autres noms sont : Nobuaki, Shinsho, Busei, Chōkō, Chōkyō, Chōsō, Gasendō, Hajin, Hakundō, Heikyundō, Rakujitsuan, Saichō, Sanka, Sansōdō, Sha Shunsei, Shain, Shikoan, Shimei, Shunsei, Tōsei, Undō, Unsai, Yahan'o, Yahantei.

3. *Les Dix avantages et les dix plaisirs de la vie à la campagne*, poèmes de Li Liweng.

que. L'année suivante, Buson commence à publier ses haiku, d'abord avec ceux de ses amis dans deux recueils collectifs, successivement *Sono yuki kage (L'Ombre de la neige)* et *Kono hotori (Près d'ici)*. En 1773, il publiera, seul cette fois, *Ake garasu (Le Corbeau à l'aube)* puis, quelques années plus tard, en 1776, *Zoku ake garasu (Un autre corbeau à l'aube)* et *Yahan raku (Célébration du Nouvel An)*.

Le succès de ses peintures va grandissant ; elles se vendent bien et d'ailleurs il est parfaitement conscient de leur qualité : dans une lettre à un ami, il les juge inégalables face à celles de ses contemporains. C'est alors que Buson conçoit, en 1777, un projet assez unique — qui n'est pas sans rappeler celui d'Hokusai, vieux, de dessiner chaque matin un *shishi*, animal imaginaire sacré sous la forme d'un lion : il en fera 219 ! Buson décide de tenir un cahier, *Shin hanatsumi (Cueillette de nouvelles fleurs)*, dans lequel il écrirait dix haiku par jour, et ce, pendant cent jours. Malheureusement sa santé décline et il ne tiendra ce pari que pendant dix-sept jours. Son activité poétique, toutefois, continue, avec de nombreuses séances de groupe.

En 1782, il se rend au Mont Yoshino, au sud-ouest de Nara, fameux dans tout le Japon pour ses cerisiers en fleurs. C'est son dernier grand déplacement : quelque temps plus tard, à la suite d'une promenade à Yi, près de Kyōto, où il se livre à la cueillette de champignons, Buson tombe très malade. Il écrit à Jiryu, en octobre 1783 : « *... la plus grande part de ce don du ciel, ma vie, est passée. Alors bientôt je m'attends à traverser de l'autre côté, et je me sens abattu.* » La veille même de sa mort, il écrit ses trois derniers haiku :

Rossignol d'hiver
comme autrefois sur la haie
chez Wang Wei aussi

Ô rossignol
quel est ce bruit ?
givre sur la haie

Fleurs de prunier blanches
et cette nuit qui devient
la lueur de l'aube

Buson s'éteint le 25 décembre 1783. Il sera enterré dans le cimetière juste au-dessus du temple Konpukuji, près de l'ermitage de Bashō qu'il avait restauré avec sa femme qui, devenue veuve, deviendra nonne bouddhiste.

***

Tout comme Bashō qui a véritablement hissé le haiku à son apogée, lui conférant ses lettres de noblesse et le faisant accéder au rang de la pure littérature, Buson, à son tour, lui a donné un nouveau souffle, au moment où il semblait — depuis la mort de Bashō, justement — presque délaissé. Un siècle plus tard, Masaoka Shiki (1867-1902), critique et grand poète, lui aussi, a rendu justice à Buson en le mettant à sa vraie place dans l'histoire de la littérature japonaise, le comparant, pour la première fois, à Bashō.

Alliant son grand talent de poète à sa sensibilité de peintre, puisant toujours dans ses expériences au contact de la nature, Buson atteint une liberté d'expression et un lyrisme rarement égalés dans le haiku. Initiateur au Japon du *Bunjin-ga*, la peinture des lettrés, ou *Nanga*, qui s'inspirait directement et largement de la peinture chinoise du sud, Buson a défendu, suivant le principe de la non-spécialisation, le statut du peintre-poète. Il a même créé le *haiga* qui associait dans un même espace le haiku à la peinture, soulignant ainsi les images fortes ou pittoresques du poème par d'amples lavis d'encre passés au pinceau, renforçant ainsi leur puissance d'évocation.

Vers la fin de sa vie, Buson abandonna totalement la peinture, ne se consacrant exclusivement qu'à la poésie. Il enseignait à ses élèves la nécessité d'étudier respectueusement les œuvres du passé pour en dégager les idéaux des grands maîtres. Pour lui, il n'était de vraie poésie que dans une symbiose harmonieuse avec le monde — un monde appréhendé dans une constante égalité d'humeur permettant de composer les haiku dans cette disposition particulière de l'esprit, proche de la dévotion esthétique, qui leur donne, par-delà leur apparente banalité, leur vrai sens. Pour Buson, le poète ne peut atteindre le lyrisme qu'à partir d'une sensibilité authentique liée à ce calme et profond sentiment de la fugacité du temps.

***

Le haiku, avant d'être considéré comme la forme littéraire zen par excellence, n'était qu'un divertissement créé par la bourgeoisie japonaise du XVIe siècle, une sorte de jeu de société sans grande prétention ne demandant, chez ceux qui le pratiquaient, qu'une certaine vivacité d'esprit alliée à un maniement habile de la langue. C'est véritablement grâce à Bashō (1644-1694) que le haiku, enfin débarrassé des fioritures et des facilités qui le condamnaient, est devenu un art à part entière, rejoignant les autres grands arts japonais, comme le *sumi-e*, par exemple. Ce petit poème de 17 syllabes, constitué de 3 vers respectivement de 5, 7 et 5 syllabes, est issu du *waka* ou *tanka* (5-7-5-7-7), du *tsugi-uta* ou *renga* (« vers liés ») et des *haikai-renga* (« vers-chaînons amusants »), dont il formait les trois premiers vers, ou vers du début *(hokku)*. Ces trois vers ne deviendront poésie en soi que sous l'impulsion de Bashō : le haiku, par sa simplicité même, par la vacuité qu'il ouvre dans la matière du monde, débouche sur un instant de lumière qui prélude à l'éveil. Le vide prend forme.

Le haiku, par son extrême concision, requiert un emploi très restreint de mots. Il s'est donc créé très vite un code permettant de suggérer, dans le texte comme dans l'espace entre les mots, beaucoup plus de choses qu'il n'est dit en vérité. Chaque poème se rattache à une saison (nos quatre saisons traditionnelles plus le Nouvel An, considéré lui-même comme une cinquième saison), qui servira à les classer, leur assignant naturellement un ordre. Leur appartenance à une saison peut être franchement indiquée ou plus simplement insinuée par un mot qui l'évoque : on peut lire tout autant « le vent automnal » que « les feuilles d'érable », sous-entendant les feuilles d'érable rouges, et, par conséquent, l'automne. De même le mot « fleur(s) » sous-entend évidemment les fleurs de cerisier — et donc le printemps.

On emploie par ailleurs, dans le haiku, quelques interjections ou exclamations particulières, les *kireji*, qui permettent au poète de respecter le nombre et le rythme des syllabes (5-7-5), tout en ajoutant au poème une *touche* indéfinissable de confidence, l'aveu furtif de son état d'âme ou de son sentiment profond. Les *kireji* les plus fréquemment employés sont *ya, kana* et *keri*. *Ya*, souvent placé vers le début du haiku, correspond assez à notre *oh* ! ou *ah* ! : il marque l'admiration ou l'étonnement — parfois le doute. *Kana* marque, en le soulignant, le centre poétique, quasi-névralgique, du haiku. Agissant comme point d'exclamation, il peut être traduit, selon le cas, par : *que, quel, comme*, etc. Il peut aussi, et plus simplement, être introduit par le seul contexte. *Keri* comme *kana* se rencontre souvent à la fin du poème ; il exprime plutôt le regret, la résignation mélancolique devant toute chose qui a cessé d'être.

Le haiku a également retenu l'enseignement des *uta-awase* (concours de chants ou de poésie) de l'époque Heian et des *tsugi-uta* (chants — ou poèmes — liés) : la musicalité est très importante et, dans la composition (ou *l'arrangement*, comme celui des fleurs dans l'art de l'*ikebana*) de ses dix-sept syllabes, c'est une des préoccupations majeures du poète pour qui son haiku doit être, selon Bashō « retourné mille fois sur la langue ». Sont donc fréquentes l'allitération, l'assonance et l'onomatopée. Parfois même est utilisée une suite de monosyllabes permettant, à l'oreille, d'allonger le vers qui semble trop court. La rime n'existe pas ; ce sont les répétitions et autres retours sonores qui la remplacent. Comme la traduction, même la plus fidèle, rend difficilement compte de tous ces aspects formels, il nous semble souhaitable de lire le poème original, ne serait-ce que dans sa translittération. À cet effet, nous avons placé face à la traduction de chaque haiku, non seulement le texte japonais, mais également sa translittération avec laquelle il sera possible de saisir toutes les subtilités du langage (ainsi que le travail auquel il a été soumis) sans nécessairement maîtriser la langue. La prononciation du japonais est très facile pour un lecteur francophone : le son *u* se prononce *ou*, sauf en fin de mot où il peut être muet, le son *ō* est un *o* long, le *r* se prononce entre notre *r* et notre *d*, *ch* se prononce comme le *tch* de *tchèque* et le *f* se prononce à mi-chemin du *f* et du *h* anglais.

La transcription employée pour la translittération est le *romaji*. Lorsque la forme ancienne de prononciation est utilisée dans le haiku, nous l'avons simplifiée pour la transcrire dans sa forme actuelle. Ainsi *a-fu* sera transcrit *ao*, et *ke-fu*, *kyo*. Parfois les signes de variation phonétique sont absents dans le texte original ; pour faciliter la diction avec une prononciation correcte, nous les avons considérés comme sous-entendus et en avons tenu compte dans la transcription. (En effet, ces signes sont très importants pour la compréhension du texte car une même syllabe peut se prononcer de plusieurs façons : *ha*, par exemple, peut devenir, selon le cas, *ba*, *pa* ou *wa*.)

La langue japonaise étant syllabique, les consonnes sont toujours suivies d'une voyelle, sauf pour le cas unique du *n* final (qui compte, néanmoins, pour une syllabe entière). Elle est constituée d'un ensemble de caractères chinois *(kanji)* et de deux syllabaires : le *hiragana*, au dessin cursif, utilisé pour transcrire les mots japonais, et le *katakana*, plus carré, plus près de l'écriture chinoise, servant à transcrire les mots empruntés de l'étranger. En japonais, pas de déclinaison ni de conjugaison compliquée. Souvent même le sujet n'est pas indiqué — surtout quand il s'agit du *je*. Le singulier et le pluriel sont rarement différenciés ; dans le haiku, un code y supplée : on sait qu'on parle d'un étang, d'une grenouille, d'une rivière, comme des feuilles mortes, des oies sauvages ou des fleurs de cerisier.

Pour cette traduction des haiku de Buson, nous nous sommes toujours efforcée de rester au plus près du texte original, respectant en français leur forme simple et concise à la fois, tout en tentant de garder, le plus souvent possible, l'ordre même des vers — ordre très important pour percevoir, dans le lent glissement des mots, la course calme du poème vers l'instant privilégié de sa *chute*.

HAIKU

遅き日や雉子の下り居橋の上

osoki hi ya
kiji no oriru
hashi no ue

La journée s'étire
un faisan vient se poser
sur le pont de bois

ゆく春や逡巡として遅ざくら

yuku haru ya
shunjun to shite
osozakura

La fin du printemps —
hésitantes, les dernières
fleurs de cerisier

手燭して庭ふむ人や春おしむ

teshoku shite
niwa fumu hito ya
haru oshimu

Chandelle à la main
l'homme parcourt son jardin
pleurant le printemps

けふのみの春をあるいて仕舞けり

kyō nomi no
haru o aruite
shimai keri

C'est le dernier jour
du printemps — je l'ai achevé
en me promenant

朧月蛙ににごる水や空

oborozuki
kawazu ni nigoru
mizu ya sora

La lune brumeuse —
une grenouille trouble
l'eau et le ciel

梅が香の立のぼりてや月の暈

ume ga ka no
tachinoboritе ya
tsuki no kasa

Montant jusqu'au ciel
l'odeur des fleurs de prunier —
halo de la lune

春雨やものかたり行く蓑と傘

harusame ya
monogatari yuku
mino to kasa

Ondée printanière —
dévisent en s'éloignant
manteau de paille et parapluie

橋なくて日暮せんとする春の水

hashi nakute
hi bossen to suru
haru no mizu

Pas de pont ici
et le jour qui s'assombrit
les eaux de printemps

春雨やもの書ぬ身のあはれなる

harusame ya
mono kakanu mi no
aware naru

Bruine de printemps
ne pouvant rien écrire —
comme on devient triste !

つつじ咲て片山里の飯白し

tsutsuji saite
katayama-zato no
meshi shiroshi

Azalées en fleurs
au hameau de Katayama
la blancheur du riz

春の海終日のたりのたり哉

haru no umi
hinemosu notari
notari kana

La mer au printemps
tout au long de la journée
sa danse ondulante

凧きのふの空のありどころ

ikanobori
kinō no sora no
aridokoro

Un cerf-volant
dans le ciel d'hier
au même endroit

水に散て花なくなりぬ岸の梅

mizu ni chitte
hana nakunarinu
kishi no ume

En tombant dans l'eau
les pétales disparaissent
prunier sur la rive

鶯のなくや小さき口あいて

uguisu no
naku ya chiisaki
kuchi aite

Ah ! le rossignol
pour chanter il n'ouvre que
son bec minuscule

鶯の鳴くやあち向きこちら向き

uguisu no
naku ya achimuki
kochiramuki

Ah ! le rossignol
chantant de ce côté-là
de ce côté-ci

行き暮れて雨漏る宿や糸櫻

yuki kurete
amemoru yado ya
itozakura

À la nuit tombante
dans l'auberge au toit qui fuit
cerisier pleureur

雲を呑んで花を吐くなる吉野山

kumo o nonde
hana o haku naru
yoshino yama

Avalant des nuages
puis recrachant des pétales
le Mont Yoshino

月光西にわたれば花影東に歩む哉

gekkō nishi ni watareba
hanakage higashi ni
ayumu kana

Quand la lune passe à l'ouest
l'ombre des fleurs de cerisier
s'allonge vers l'est

花に来て花にいねぶるいとまかな

hana ni kite
hana ni ineburu
itoma kana

Allant vers les fleurs
m'assoupissant sous les fleurs
ah ! quel passe-temps

菜の花や月は東に日は西に

na-no-hana ya
tsuki wa higashi ni
hi wa nishi ni

Ah ! fleurs de colza
avec la lune à l’est et
le soleil à l’ouest

筏士の蓑やあらしの花ごろも

ikadashi no
mino ya arashi no
hanagoromo

Le manteau de paille
du batelier sous l'orage —
une robe fleurie

きのふ暮けふ又くれてゆく春や

kinō kure
kyo mata kurete
yuku haru ya

Hier a pris fin
aujourd’hui prend fin aussi
le printemps s’en va

涼しさや鐘を離るゝ鐘の聲

suzushisa ya
kane o hanaruru
kane no koe

Ah ! quelle fraîcheur
quand s'échappe de la cloche
la voix de la cloche

みじか夜や毛むしの上に露の玉

mijikayo ya
kemushi no ue ni
tsuyu no tama

Quelle courte nuit !
sur le dos de la chenille
perles de rosée

五月雨の名もなき川のおそろしき

samidare no
na mo naki kawa no
osoroshiki

Averses d'été
une rivière sans nom
rendue redoutable

山蟻のあからさまなり白牡丹

yamaari no
akarasama nari
shirobotan

Fourmi de montagne
devenue enfin si nette !
la pivoine blanche

夏川を越す嬉しさよ手に草履

natsu kawa o
kosu ureshisa yo
te ni zōri

Rivière d'été
quel plaisir de la franchir
sandales en main

稲妻にこぼるる音や竹の露

inazuma ni
koboruru oto ya
take no tsuyu

Parmi les éclairs
un bruit de rosée tombant
le long des bambous

貧乏に追ひつかれけりけさの秋

binbō ni
oitsukare keri
kesa no aki

La pauvreté
m'a saisi à l'improviste
ce matin d'automne

笛の音に波もより来たる須磨の秋

fue no ne ni
nami mo yorikitaru
suma no aki

Au son de la flûte
les vagues aussi se lèvent
l'automne à Suma

梨の木に寄ってわびしき月見かな

nashi no ki ni
yotte wabishiki
tsukimi kana

Près d'un poirier
je suis venu solitaire
contempler la lune

船頭の竿とられたる野分かな

sendō no
sao toraretaru
nowaki kana

Le batelier —
sa perche arrachée des mains
tempête d'automne

三たび啼いて聞えずなりぬ雨の鹿

mi tabi naite
kikoezu narinu
ame no shika

Il brama trois fois
puis on ne l'entendit plus
le cerf sous la pluie

去年よりまた淋しいぞ秋の暮

kyonen yori
mata sabishii zo
aki no kure

Une solitude
plus grande que l'an dernier
fin d'un jour d'automne

出家して親在す里の紅葉かな

shukke shite
oya imasu sato no
momiji kana

Renonçant au monde
le village de mes parents
ses feuilles d'érable

山くれて紅葉の朱をうばひけり

yama kurete
kōyō no shu o
ubai keri

Le mont s'assombrit
éteignant le vermillon
des feuilles d'érable

山は暮れ野はたそがれのすすき哉

yama wa kure
no wa tasogare no
susuki kana

Le mont s'assombrit
sur les champs tombe la nuit
l'herbe des pampas

身にしむや亡妻の櫛を閨に踏む

mi ni shimu ya
natsuma no kushi o
neya ni fumu

Ah ! quelle douleur
le peigne de ma femme morte
sur le sol de ma chambre

西吹ばひがしにたまる落葉かな

nishi fukuba
higashi ni tamaru
ochiba kana

Quand le vent souffle à l'ouest
elles s'entassent à l'est
les feuilles d'automne

皿を踏む鼠の音のさむさ哉

sara o fumu
nezumi no oto no
samusa kana

Traversant l'assiette
une souris fait un bruit
terriblement froid

我が骨の蒲團にさわる霜夜かな

waga hone no
futon ni sawaru
shimoyo kana

Tous mes os
à même le *futon*
nuit de gel

寒月や僧に行き逢ふ橋の上

kangetsu ya
sō ni yukiau
hashi no ue

La lune d’hiver
la rencontre avec un moine
au milieu du pont

寒月に木を割る寺の男かな

kangetsu ni
ki o waru tera no
otoko kana

Sous la lune froide
il coupe toujours son bois
le gardien du temple

寒月や門なき寺の天高し

kangetsu ya
mon naki tera no
ten takashi

Ah ! lune d’hiver
depuis ce temple sans porte
que le ciel est haut

夕時雨蟇ひそみ音に愁ふかな

yūshigure
gama hisomi ne ni
ureu kana

Un soir de pluie froide —
dans le cri sourd du crapaud
quelle détresse !

時雨る々や鼠のわたる琴の上

shigururu ya
nezumi no wataru
koto no ue

Tombe la bruine
une petite souris
parcourt mon koto

古池に草履沈みてみそれかな

furu ike ni
zōri shizumite
mizore kana

Dans le vieil étang
une sandale s'enfonce
ah ! neige fondue

山寺の硯に早し初氷

yamadera no
suzuri ni hayashi
hatsugōri

Dans la pierre à encre
du temple sur la montagne
le gel vient plus tôt !

こがらしや岩に裂行水の聲

kogarashi ya
iwa ni sakeyuku
mizu no koe

Le vent froid d'hiver —
la rumeur de l'eau se brisant
contre les rochers

蕭條として石に日の入る枯野かな

shōjō to shite
ishi ni hi no iru
kare no kana

Le soleil se couche
solitaire, sur des pierres
ah ! lande pelée

冬川や佛の花の流れ来る

fuyukawa ya
hotoke no hana no
nagarekuru

Rivière d'hiver
fleurs offertes à Bouddha
emportées par l'eau

提灯の猶ほあわれなり寒念佛

chōchin no
nao aware nari
kannembutsu

Lanterne à la main
encore plus misérable —
prières d'hiver

裾に置きて心に遠き火桶かな

suso ni okite
kokoro ni tōki
hioke kana

Au bas de ma robe
et pourtant loin de mon cœur
ah ! le brasero

冬籠心の奥のよしの山

fuyugomori
kokoro no ōku no
yoshino yama

Retiré l'hiver
mais le cœur encore plein
du Mont Yoshino

YOSA BUSON

1716 Naissance à Kema dans la province de Settsu (aujourd'hui préfecture d'Ōsaka).

1736 Quitte sa maison pour Edo (Tōkyō) où il étudie la poésie et la peinture.

1737 Devient le disciple du poète Hajin Hayano.

1742 Mort de Hajin. Buson quitte Edo et commence dix années d'errances et de privations sur les traces de Bashō.

1744 Signe Buson pour la première fois.

1753 Se fixe à Kyōto.

1754 Passe trois années dans la région de Yosa dans la province de Tango, au nord de Kyōto.

1757 Retour quasi-définitif à Kyōto. Prend le nom de Yosa.

1761 Mariage avec Tomo.

1766 Fonde l'association poétique *Shankasha*. Parcourt le pays pendant deux ans.

1772 Publie *Sono yuki kage* et *Kono hotori* recueils de poésie collectifs.

1773 Publie *Ake garasu*.

1776 Publie *Zoku ake garasu* et *Yahan raku*.

1777 Écrit *Shin hanatsumi*.

1783 Yosa Buson meurt le 25 décembre à l'âge de 67 ans.

ORIENTATION BIBLIOGRAPHIQUE

Livres en anglais et en français :

Buson. *Haïku*. Traduction de Nobuko Imamura et Alain Gouvret. Paris, Arfuyen, 1988.

Sawa, Yuki et Shiffert, Edith Marcombe. *Haiku Master Buson*. San Francisco, Heian International Publishing Co., 1978.

Suzuki, Susumu. *Poet-Painter Buson*. Tōkyō, Nihon Shimbun, 1958.

Ueda, Makoto. *Buson and the Language of Poetry*. Tōkyō, Waseda University Press, 1975.

Watson, William. *Yosa-no-Buson*. London, Faber and Faber, 1960.

Zolbrod, Léon M. *Talking Poetry : Buson's Views on the Art of Poetry*. Literature East and West, 1973.

En japonais :

Andō Tsuguo. *Yosa Buson*. Nihon shijin, Tome 18. Tōkyō, Chikuma Shobō, 1970.

Bashō, Buson. Tōkyō, Shueisha, 1978.

Ehara Taizo et Shimizu Takayuki, eds. *Yosa Buson shu*. Nippon Koten Zensha Tōkyō, Asahi Shimbun-sha, 1957.

Haga Tōru. *Yosa Buson no chiisana sekai*. Tōkyō, Chūō Koron-sha, 1986.

Haijin no shoga bijutsu. Tome V. Tōkyō, Shueisha, 1978.

Kuriyama Riichi, ed. *Yosa Buson shu*. Koten Nippon Bungaku Zenshu, Tome 32. Tōkyō, Chikuma Shobō, 1960.

Morimoto Tetsuro. *Shijin Yosano Buson no sekai*. Tōkyō, Shibundo, 1969.

Okada Rihei. *Matsuo Bashō, Yosano Buson : Oku no hosomichi gakan*. Tōkyō, Yutaka Shobō, 1973.

Otani Tokuzo et al, eds. *Buson shu-zen*. Koten haibungaku taikei, Tome 12. Tōkyō, Shueisha, 1972.

Suzuki Susumu. *Buson to haiga*. Nippon no bijutsu, Tome 46. Tōkyō, Shogakkan, 1976.

Teruoka Yasutaka, ed. *Buson shu*. Nippon koten bungaku taikei, Tome 58. Tōkyō, Iwanami Shoten, 1959.

Yosa Buson shu. Tōkyō, Shinkosha, 1979.

ACHEVÉ D'IMPRIMER
EN MAI 1990
SUR LES PRESSES DE
L'IMPRIMERIE SZIKRA
90200 GIROMAGNY

ISBN : 2-7291-0507-7
ISSN : 0-993-8672